행복하고 싶은 사람에게

진리 의 서

I

김
주
호 지음

자유정신사

진리
의서

통합사유철학 세 가지 축, 삶 속 '존재, 의지, 인식'에 관한 구체적 고찰

진리
의서

眞理의書

제1서 존재의서

제2서 의지의서

* 차례 *

제1서 존재의서

행복한 존재를 위한 진리

- 겸허
- 개별 진리
- 자기 세계
- 설득
- 배우
- 기과거
- 무심
- 자존
- 창작
- 행동
- 목표
- 숭고함
- 군건함
- 어제
- 고귀함
- 자기 만들기
- 진실
- 배움
- 어둠
- 매력
- 순수함
- 명예

- 공평
- 젊음
- 명랑함
- 먼 꿈
- 견지(堅持)
- 가난
- 청빈
- 용기
- 동화
- 독서
- 자기 형상화
- 겸손
- 확고함
- 제3의 탄생
- 숙독
- 방향(方向)
- 자기철학
- 유연함
- 다름
- 탁월함
- 평온함
- 교제
- 학자

- 무질서적 다양함
- 사람을 목적함
- 평온함
- 죽음
- 타인 행복
- 고독
- 가르침
- 호감
- 수용
- 강함
- 냉철함
- 가라앉힘
- 쟁취
- 자유

* 차례 *

제2서 의지의서

행복한 의지를 위한 진리

물러섬	강함	기다림
변함없음	달을 봄	행복을 줌
바라지 않음	자유를 줌	선구자
나 만들기	너그러움	공평
나 찾기	불평하지 않음	정진
길 찾기	낮은 곳에 위치함	따라 하지 않음
감동 주기	다투지 않음	매일 아침을 얻음
존중	엷게 화장함	자기 통합
타인을 위함	나를 봄	감성
냉철한 분노	사람을 움직임	독창성
또 다른 탄생	탓하지 않음	한가로움
자유	깊음	행동
기다림	고개 숙임	선한 강자
평온함	오감	멈추지 않음
변화	무향	다르지 않음
정리	어리석음	동질감
단순함	현명하지 않음	무아
수정	여유로움	소탈함
돌아보기	세상을 바꿈	개별 의지
단념	두려워하지 않음	나를 바꿈
시간 모우기	나눔	멀리 봄
휴식	자유 주기	독립
오류	자기 창조	눈을 뜸

* 차례 *

제2서 의지의서

행복한 의지를 위한 진리

흘려보냄
작은 깨우침
기세
겸허
이행
너그러움
적은 욕심
신뢰
믿음
자전거
시인
판단
드러냄
서두르지 않음
순서
멈춤
평가
구별
방향
회귀인식
감내
숭고함
의지(意志)
인지

알기
모르기
편안함
그만두기
여정변경
시선
자숙
고귀함
성숙
예비
실체
연민
여행
받아들임
외로움
거절
마음에 두지 않음
걱정하지 않음
앎
진실
득실
욕심 줄이기
편한 마음
진실

시작
마음 두둑함
사람 이해
청년
시작
수레타기
기억
친구
단정(斷定)하지 않음
평범함 이해
실증
동등감
다름·같이감
성공
탈바꿈
비판하지 않음
지관(止觀)
긍정
따뜻함
오후 산책
아님
역설 이해
거미줄 끊기
선택

* 차례 *

제3서 인식의서

행복한 인식을 위한 진리

안도감	그릇 키우기	빚음
나를 믿게 함	사람 지향	본받음
해독	호감	무심
약자	상심	원점
잃지 않음	자신다움	비난하지 않음
오래된 자기	철퇴	수긍
소년	작아짐	자기 불평
강자	오늘	거절
돌진	인내심	자기 탈출
표출	자존감 버리기	미로 탈출
인간적임	자존감 확장	감성 휴식
밝음	감성 확장	멋짐
자기를 키움	탈출	존경
설득	비웃음	내일
겸허	감성	반론
감성	나침반	멀리 가지 않음
만족	솔직함	직시
설렘	자격	그리움
자기 것을 봄	변심	약간의 꿈
많은 것을 봄	자기 채우기	오랜 경험 만들기
가난한 부자	가식	평상심
꿈 찾기	자기 노출	아침 감성
기쁨	납득	오래 달리기

* 차례 *

제3서 인식의서

행복한 인식을 위한 진리

슬픔
지각
회복
무색
절망하지 않음
밝음
부동심
결정
절망
무소유
실패
평정심
운명
숭고함
역동성
시련
우울치유
기분전환
공정함
인지
인연
만남
변덕
친밀

먼지
균형
무색
기다림
방황
신을 자기 편으로 함
후회
겨울
창작
투시
무심
수수함
비상
분리
가치기준
허무함
극대
자기지배
꿈찾기
묵언
즐거움
고독
굴욕

치유
기품
후각
정결함
적절함
의연함
존재
진조실재
관조
도피
희망
등반
재연
감내

* 차례 *

제4서 시간의서

행복한 시간을 위한 진리

나눗셈
덧셈
뺄셈
냉철함
무감각
맞섬
주고받음
감내
보존
깊음
지성
빚음
무향
방향(放㞢)
자질
거래
진화
내면
멋진 인정
유혹
매력
침착함
일상

기개
불손
깨어남
징벌
분노
경계
근원 인식
유효기간 연장
목적
외면
결의
식별
아우름
자격
채비
생각
권리
자유 사용
부자유
깨달음
오늘
현실
도전
곱셈

평범
깨어남
담력
점등
손익
복원
우울 치료
자리 낮추기
분별
불신
일임(一任)
구충
기원(起源)
합당함
기억
행복을 배움
실제 달라짐
정결
온화함
삼감
자태
비범
공격

* **차례** *

제4서 시간의서

행복한 시간을 위한 진리

용서
선악
용기
인지
만족
배신하지 않음
인간다움
자립
독립
개별의지
자기발견
자격
역할
의욕
명예
쌓기
자족
바라지 않음
부자
증여
공유
자존감
회복

온화함
실재
문제
회귀(回歸)
무념
가린 것을 거둠
결행
선함
조색(調色)
무중력
동류
발견
비슷함
속도 맞춤
묶음
자기 창조
길을 찾음
구제
평상심
부족 수긍
사람의 행복
염치
굳셈

사소함
소설
순서
탈출
나
묵언
평온
파괴
기백
책
오만
자존
무난함
개별 행복
무익
납득
눈사람
수수함
자각
대상 창조
벗어남
진화
역경

* 차례 *

제4서 시간의서

행복한 시간을 위한 진리

가장하지 않음
비슷함
냉철함
배우고 익힘
동질감
권리
공평
자존감
더 수월함
악마의 꿈
후퇴
어른
존경
내실
인간적임
정체
공평
무차별
생명
우정
손익계산
자유
지혜

달관
활용
거부
독립
올바름
인지
목표 수정
지성
탁월함
저항
산책
의지
행복한 목표
부자유
경작
복종
점잖지 않음
타인지향
필연
용서
결의
선함
함께함

삶
완결
둘러맴
궁극의
마음먹기
몰두
기억 만들기
마중
무아
행복한 죽음
결정
궤적
부자
교만
성공

진리의서

　　행복은 용기, 명예, 자유, 도덕, 종교 그리고 아름다움조차도 향하는 곳이다. 사람의 모든 정신이 향하는 곳, 하지만 너무 평범하고 시시하여 탁월한 지식인은 말하기 꺼리는 곳이다. 그런데 어쩌겠는가, 사실이 그러한데.

　　이렇게 행복은 모두가 원하지만, 그곳에 가는 길은 험난하다. 부자도, 권력이 있어도, 명예가 있어도, 소박해도, 학식이 있어도 별 소용없다.

　　행복하기 위해서는 시간이 필요하다. 행복은 마음, 사람, 세상, 세월 속에서 행복한 나, 꿈 그리고 삶을 차분히 만들어 가는 오랜 작업이다. 이처럼 행복은 고색의 깊은 지혜이다. 나를 알아야 하며 의지를 조절해야 하고 인식을 키워나가야 한다.

　　행복하기 위해서는 연습이 필요하다. 알기만 해서는 모르는 것과 다를 바 없다. 어느 날 아침 갑자기 그곳에 도달할 수는 없겠지만 연습이 조금씩 모이면 어느 따뜻한 오후, 그곳이 어렴풋이 보임은 분명히 말할 수 있다.

　　진리는 배우고 익히는 자의 것이다.

진리
의서

제1서 존재의서

행복한 존재를 위한 진리

마음속에서 아직 싹트지 않은 행복한 나를 만들어주는 60가지 진리 연습이다. 우리는 행복해질 수 있다. "명예를 위해 살면 사람들에게 인정받을 것이고, 명예롭게 살면 자신에게 인정받을 것이다." "별을 쳐다보는 순수한 자의 맑은 눈동자가 그립다. 아이들이 그렇듯이 순수는 행복의 조건이다."(p15) 조금씩 연습하면 행복은 그렇게 먼 곳에 있지 않다. 내가 '나'를 만드는 것은 분명한 일이다. 행복한 나도 만들 수 있다.

행복하고 싶은 사람에게

1
명예

명예를 위해 살지 말고

명예롭게 살라.

2
순수함

별을 쳐다보는 순수한 자의

맑은 눈동자가 그립다.

아이들이 그렇듯이

순수는 행복의 조건이다.

3
매력

단 하나뿐인 것은

아름답지도 추하지도 않다.

4
어둠

어둠 속에서 어둠을 피할 수는 없다.

어둠을 피하는 가장 어려운 방법은 태양을 쫓는 것이다.

그런데 대부분 그 방법을 택하고

결국 지쳐 쓰러진다.

행복을 서둘러 쫓으면 비슷한 운명이 된다.

5
배우고 익힘

진리를 가르치는 것

그것은 사람의 일이 아니다.

스스로 깨우치지 않은 진리로는

절대 행복할 수 없다.

6
진실

태양이 떠오르면

밤사이 생각한 것만큼 그렇게

감출 수 있는 것이 많지 않다.

아무것도 속이지 말라.

7
자기 만들기

다른 사람 옷은 그것이 아무리 좋아도

빌려 입지 않는 것이 좋다.

크기와 색이 나에게 맞지 않아 어색하다.

8
고귀함

우아한 연기를 하는 배우를

우아하다고 생각하지는 않는다.

9
어제

우리는

어제 목표로 정한 것을 이루기 위해

오늘을 살아간다.

행복하지 않아도 어제의 일이다.

10
굳건함

어지럽지 않으려면

흔들리지 않는 대지가 필요하다.

바다 위에서는 아무리 배의 바닥을 견고히 해도 소용없다.

행복은 천천히 튼튼하게 만들어가야 한다.

11
숭고함

인문학은 인간에 대한 학문이고

철학은 인간을 위한 학문이다.

아무리 미천해도

사람을 위한 일을 하면 그는 이미 위대한 철학자이다.

12
목표

죽음의 순간에 도움이 되는 것을

삶의 목표로 우선하는 것이 좋다.

지금 비참하고 미천하다 해도

오래지 않아 모두 같아진다.

행복이 죽음의 순간, 최대가 되도록 목표하라.

13
행동

생각이 모여 삶이 되는 것이 아니라

행동이 모여 삶이 되는 것이다.

행복도 마찬가지.

14
창작

인간의 역사가 지속되려면

태초에 신이 창조했던 것과

크게 다르지 않은 창조가 지속되어야 한다.

행복의 조건은 자기 창조이다.

15
자존

억압과 다툼을

'권력과 민중' 사이의 문제라고 생각하면 오산이다.

그 근원은

'힘 있는 자와 힘없는 자' 사이의 문제이다.

문제의 근원이 자존감으로 무장한 '나'일 수 있다.

자존감이 거만함이 되지 않도록 주의하라.

16
무심

현시대에는

말을 하지 않는 것도 중요하지만

귀를 막고 다니는 것도 중요한 일이다.

행복은 돌아다니는 지식과는 전혀 무관하다.

17
기만하지 않음

다른 사람을 다 속여도

나 자신을 속일 수는 없다.

보통 그것을 알아채는 "나"는 조금 늦게 등장한다.

물론 의도적이다.

행복해 보이려 하지 말라. 행복한 것과는 다른 이야기다.

18
과거

미래를 창조하는가

현재를 창조하는가

행복한 자는 과거를 창조한다.

보잘것없던 과거도 현재에 의해 재탄생한다.

19
배우

우리 삶 속

예정된 극본은 보통 엉터리이고

삼류 작가가 써 놓은 대본이 대부분이다.

더욱이, 극본을 따르는 배우는

감독과 관객이 원하는 대로

하지 않을 수 없다.

행복하려면 이제 무대를 내려와라.

20
설득

자기 생각이

다수로부터 지지를 받지 못한다면

진리로부터 멀어져 있다고 보면 된다.

행복은 일정 부분 다른 사람의 인정이 필요하다.

21
자기 세계

신이 세상을 창조했던 것과 똑같이

우리는 매일 아침

자신의 세계를 창조한다.

자기만의 세상을 만들어 가는 것, 그것이 행복이다.

22
개별 진리

진리는 창조하는 것이 아니라 발견하는 것이다.

내가 진리를 만든 것도 아닌데

그것을 찾았다고 너무 자랑할 것 없다.

자신의 자랑스러운 지혜도 타인에게는 별 쓸모가 없다.

23
겸허

과다한 지식은 겸손을 갉아먹어

진리의 길에 울타리를 높게 세운다.

겸손치 않으면

지나가는 가을바람도 그를 외면할 것이다.

겸손하면 최소한 불행하지는 않다.

24
학자

학자인 척하는 자에게

존경할만한 것은

그의 기억력뿐이다.

지식만으로는 도저히 행복할 수 없다.

25
교제

교제술에 능숙하려면

자신에게 나태해지지 않을 수 없다.

사람과의 관계는 중요하다.

하지만 그것을 너무 중시하면 얻는 것보다 잃는 것이 더 많아진다.

주객이 전도되지 않도록 주의하라.

행복은 내가 만드는 것이고 타인은 단지 도울 뿐이다.

26
평온함

삶에
편안함이 깃들게 하지 말라.
편안함은 마음으로 충분하다.

27
탁월함

누군가를 교육하려면

그들을 압도하는 뛰어남이 필요하다.

사람들은 이들을 좋아하지 않는다.

주위에 교육자가 적은 이유이다.

탁월한 교육자가 줄어들면 행복도 줄어든다.

28
다름

군중 속 자아 상실자는

겉으로는 누군가의 다름을 인정하지만

속으로는 그들을 어떻게 동화시킬지를 궁리한다.

그의 특징은 다수를 따르는 자신에 대하여

의외로 자존심이 강하다는 것이다.

다수에 속하는 것이 행복의 조건은 절대 아니다.

29
유연함

고정된 자기주장은 만들지 않는 것이 좋다.

세상이 모두 적군뿐이고

상대하여 항복시켜야 하기 때문이다.

30
자기철학

암기하려면 철학은 공부하지 말라.

우스운 생각의 소유자가 될 뿐이다.

잘못된 자기철학은 행복을 차버린다.

31
방향(芳香)

향나무로 만든

사자와 여우는

그 향이 다르지 않다.

행복은 향과 같다. 모습은 상관 없다.

32
숙독

올바른 독서는

그의 책이 아니라

그의 행복을 읽는 것이다.

33
제3의 탄생

제3의 탄생을 위하여

나아가라. 그대,

거칠고 험한 바람 부는 곳으로.

내가 있어야 행복하든 말든 할 것 아닌가!

34
확고함

억새는

느슨하게 잡으면

손을 베인다.

'확실히'는 행복의 조건, '적당히'는 불행의 조건이다.

35
겸손

다른 사람들에 대한 자신의 우월감이

오랫동안 지속되면

자신을 아직 어리다고 생각하면 된다.

우월함은 오래갈 수 없어 행복의 조건은 아니다.

36

자기 형상화

아름다움을 찾아

사람들이 자신의 시간을 잃어버릴 때

그들은 자신 속 흙과 바람으로

아름다움을 형상화한다.

37
독서

많은 사람이 읽는다고 따라 읽을 필요는 없다.

단, 30년이 지나도 사람들이 읽고 있는 책은

정독하는 것이 좋다.

책의 가치는 행복을 주는 기간에 비례한다.

38
동화

운율, 정서, 호흡과 자연스럽게 동화되지 않는

고상한 단어의 조합이 시로 둔갑하면

그 시는 거짓말을 하고 있는 것이다.

행복도 마찬가지.

39
용기

지금 혹시 푸줏간 앞, 개 신세는 아닌가?

고기와 뼛조각은 먹고 싶지만

주인의 매 때문에 접근할 수 없으니.

두려움에 참고 있는 것은 행복에 최악이다.

40
청빈

단정하게 입고

소박하게 먹고

편안히 쉴 작은 공간이 있다면

그것으로 충분하다.

41
가난

풍요에 겨운 '게으르고 살찐 부자'를 꿈꾸지 말라.

정말 그렇게 될 것이다.

세상 몇 가지 중요한 유익 중 하나가

가난이다.

42

견지(堅持)

하루에 하나씩 진리를 깨달아도

깨달음엔 끝이 없다.

사람은 아침마다 다시 어리석어진다.

43
먼 꿈

5년 후를 꿈꿀 때, 그 꿈은 저 산 너머였고

10년 후 꿈에 젖었을 때, 그 꿈은 저 하늘 너머였다.

그런데 30년 후를 꿈꾸면, 여기 있는 이 모습 아닌가?

44
명랑함

쾌활함은 나를 드러나게 하고

명랑함은 나를 가라앉힌다.

쾌활함을 타인을, 명랑함은 나를 먼저 고려한다.

45

젊음

모든 생명체의 젊음에는

미래를 책임지는 고유한 의무가 있다.

자신, 가족, 민족, 인류를 책임지려는 자만이 '젊은 자'이다.

행복은 '젊은 자'의 특권이다.

46
공평

손해 보지 않는 듯한 평등은 없다.

평등적 자유가 아니면

그곳에는 악취가 난다.

나만 행복한 세상은 절대 없다.

47
자유

자유는

'소극적 자유'와 '적극적 자유'가 있다.

소극적 자유는 일로부터의 자유를

적극적 자유는 세상으로부터의 자유를 요구한다.

그 선택에 따라 노예도 왕도 될 수 있다.

48
쟁취

투쟁과 행동 없는 자유는

12살 소년도 불가함을 이미 알고 있다.

행복은 타인이 보증하지 않는다.

49
가라앉힘

나를 가라앉혀야 타인이 보이고

타인이 보여야 세상이 보이며

세상이 보여야 행복이 보인다.

50
냉철함

개에게 먹이를 던지면 먹이를 쫓고

사자에게 먹이를 던지면 그자를 덮친다.

개는 조롱거리이고 사자는 굶어 죽는다.

행복은 비굴함도 용맹스러움도 아닌 냉철함이다.

51

강함 연습

사람을 자기편으로 하려면

약함을 보여서는 안 된다.

그들이 따르는 자는

모두를 지켜 줄 강자이다.

52
수용

강함과 수용력은 비례한다.

타인을 수용하려면

충분한 공간이 있어야 비로소 가능하다.

자신을 더 키우라.

53

호감

지나치게 사람의 호감을 사려는

모습이나 행동은

호감을 얻는 대신 신뢰를 잃는다.

54
가르침

누군가 하얀 머리카락이 보이기 전에

자기 생각을 자신 있게 가르친다면

그것은 대부분 거짓이다.

그때쯤 비로소 행복을 알게 되기 때문이다.

55
고독

행복을 위한 진리를 찾으려는 자는

사람들과 이야기할 시간이 그렇게 많지 않다.

위대한 정신의 '고독과 침묵'의 이유이다.

행복은 도무지 없는 곳이 없다.

56

타인 행복 연습

자기는 열심히 말하고 있다고 생각하지만

상대가 듣고 싶은 말을 하지 않으면

그에게는 대부분 소음일 뿐이다.

자기보다는 상대를 행복하게 해주기 쉬우니

서로 그러하면 세상은 행복해질 것이다.

행복의 조건이다.

57
죽음

지혜로운 자는

뜨거운 일상, 생의 한가운데서

죽음으로 아무것도 잃지 않도록 오늘을 준비한다.

58

평온함

씨 뿌리는 자의 마음이

평화로운 것은

해야 할 일이 결정되었기 때문이다.

59

사람을 목적함

저편 호숫가에서 걷고 있는

인간의 아름다움으로

우리는 사람의 행복을 목적하지 않을 수 없다.

60
무질서적 다양함

초라하지 않으려면

누군가에게 간파당하지 않아야 한다.

그러려면 자신을 끊임없이 변화시키지 않으면 안 된다.

따분한 책에서 가르치는 일관성의 미덕은

쓰레기통에나 버려라.

진리
의서

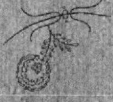

제2서 의지의서

행복한 의지를 위한 진리

사람들 사이에서 샘물처럼 솟는 142가지 진리 연습이다. 우리는 행복할 수 있다. "내 생각이 틀리지 않다고 너무 믿는 것은 어리석음 아니면 오만함, 둘 중 하나이다. 어느 쪽이든 행복하기는 어렵다." "함께 휴식할 수 있는 자를 만나는 것은 굉장한 행운이다. 휴식은 행복의 조건이다."(p46) 몇 가지 연습만으로도 조금은 행복할 수 있다. 이렇게 사람들 속에서 만드는 하루하루의 행복 연습은 당신을 어느새 행복한 사람으로 바꿀 것이다.

61

오류

내 생각이 틀리지 않다고 너무 믿는 것은

어리석음 아니면 오만함

둘 중 하나이다.

어느 쪽이든 행복하기는 어렵다.

62
휴식

함께 휴식할 수 있는 자를 만나는 것은

굉장한 행운이다.

함께 휴식할 수 있는 책을 만나는 것도

못지않은 행운이다.

휴식은 행복의 조건이다.

63

시간 모우기

우리가 즐겁고 여유로운 것은

아직 시간이 있기 때문이다.

우리가 모아야 할 것은

돈이 아니라 시간이다.

64
단념

옳고 그름의 판단은

신의 영역이지 인간의 영역이 아니다.

자기가 옳다고 너무 주장하면

신이 화를 낸다.

65
돌아보기

거의 예외 없이

'내가 열망했던 것이 겨우 그것인가'라고

한숨짓는 것을 수없이 보아왔다.

사람은 기억력이 좋지 않은 것이 틀림없다.

자신이 행복을 향해 가고 있는지 자꾸 돌아보라.

66
수정

내가 옳다고 생각하는 것이 틀릴 확률은

맞을 확률보다 훨씬 높다.

나와 수많은 타인의 생각이 모두 다르기 때문이다.

여러 번, 자기 생각이 맞을 확률이 더 높다고 생각한다면

아직 공부가 부족한 증거이다.

타인의 생각이 대부분 괜찮아 보이면 행복에 가까운 증거이다.

67
변화

가장 어리석은 일 중 하나는

자기가 만든 원칙에 스스로 구속되는 것이다.

이는 땅에 금을 그어 놓고

여기를 넘지 않겠다고 하는 것과 다를 바 없다.

68
단순함

산은 산이고 물은 물이다.

바람은 바람이고 비는 비이다.

공연히 심오한 의미를 찾으려 애쓸 것 없다.

행복의 조건이다.

69
정리

도서관 서고 속 책에는 사람들이 발견한 보물로 가득하다.

그런데 책을 너무 많이 읽으면 보물이 너무 많아

보관해둘 곳이 마땅치 않다.

작더라도 정연히 정리된 창고가 삶에 더 유용하다.

70
평온함

평온한 죽음을 목표로 하는가?

평온한 삶을 목표로 하라.

죽음도 아직 삶이다.

71
기다림

즐거운 여름밤 서늘한 바람이

알려주는 것들도 적지 않다.

바람이 고요해도

때가 되면

꽃잎은 떨어지리니.

72
자유

삶은

억압을 만들어내는 자와

그것을 해방하는 자의

투쟁의 역사이다.

행복은 항상 해방자의 편이다.

73

또 다른 탄생

조용히 시원하고 향기로운 공기를 느낄 수 있는 '고독'과

태양이 자신을 불태우는듯한 '열망'은

사람을 또 다른 존재로 탄생시킨다.

74
냉철한 분노

부조리한 억압에 대항하기 위한 냉철한 투쟁은

내가 약자라면 강하게 만들고

강자라면 고귀하게 만들 것이다.

행복의 조건이다.

75
타인을 위함

이 모든 일이

타인을 위한 것인 줄 알았는데

사실 나를 위한 것이었다,

그런데 그것도 오해였다.

누군가를 위한 일이라는 생각마저 없는 것.

행복의 조건이다.

76
감동 주기

큰 바위는 거의 변하지 않는다.

사람의 마음도 그에 못지않다.

타인의 마음을 움직이려면 감동적인 노력이 필요하다.

행복은 감동과 친구이다.

77
존중

자신을 성장시키는 방법은

다른 사람의 생각을

나와 다른 것이 아니라 내 생각의 일부로 느끼는 것이다.

자연스럽게 다른 사람을 존중하게 된다.

78
길 찾기

다른 사람의 생각을 수용하기 시작하면

지혜는 급격히 증가한다.

그런데 지혜의 숲속에서 길을 잃지 않기란 쉽지 않다.

너무 많은 독서는 좋지 않다.

지혜는 양이 아니라 질이 훨씬 중요하다.

79
나 찾기

나를 위해서 나를 찾으면

나를 찾으나 찾지 못하나

별 차이 없다.

80
나 만들기

생각은 나를 만드는 나무를 준비하는 것이고

행위는 나를 조각하는 것이다.

조각되기 전에는 무엇인지 알 수 없다.

81
바라지 않음

산속 시냇물 소리는 편안한 데

사람과 있으면 그렇지 않다.

시냇물에는 아무것도 바라지 않지만

사람에게는 그럴 수 없다.

행복의 조건이다.

82

변함없음

살아서 변함없는 내가 있다면

죽어서도 변함없을 것이다.

나는 그것을 위해 살겠다.

83
물러섬

모두가 자존감으로 무장되어

자기만 위해 달라 아우성이다.

자존감 작은 선인(善人)만 양보하니

선인일수록 가난해진다.

하지만 행복은 그의 것.

행복의 조건은 타인의 자존에 대한 인정이다.

84

자기창조

어느 여름에서 가을까지

숲과 하늘, 구름, 땅, 바람 그리고 노을의 운율 속에서

한 대상이 창조된다.

행복의 조건과 아주 닮았다.

85
자유 주기

진리는 최대 다수에게 최대 자유를 부여한다.

철학을 몰라도 그런 삶을 산다면

그는 위대한 철학자이다.

진리를 알고 행하나 모르고 행하나

결과는 그렇게 다르지 않다.

행복을 위해 살면 고달프고

행복하게 살면 행복하다.

86
나눔

행복을 나누겠다 하지만

지금 나도 행복하기 어렵다.

그럼에도 나누려는 마음이 생기지 않으면

행복하기는 더 어렵다.

행복의 조건이다.

87

두려워하지 않음

명랑해도 된다.

무더운 여름밤 어깨를 스치는 서늘한 바람을 느낄 수 있으면.

두려워하지 않아도 된다.

지금 숨 쉴 수 있으면.

행복이 불가능한 때란 없다.

88
세상을 바꿈

고독한가, 암울한가?

나를 바꾸겠는가, 세상을 바꾸겠는가?

세상을 바꾸는 것은

의외로 간단해서

내 주위 열 사람으로 충분하다.

89
여유로움

그는 토요일 해가 드는 오후

문득 한가함이 느껴지면 잠시 나를 찾아온다.

그는 나와 이야기하고 싶어 하는데

나는 항상 다른 친구를 찾는다.

90
현명하지 않음

현명해지려 그리고 현명함을 드러내려

너무 노력할 것 없다.

내가 없어도 물은 흐르고 꽃은 핀다.

현명함도 어리석음도 개인의 취향일 뿐이다.

91
어리석음

'현명하지 않은 삶의 자유로움'이

눈물 나도록 그리울 때가

그리 멀지 않다.

92

무향

너무 향기로운 물은

향수로밖에 쓸 일이 없다.

93

오감

그림 아무리 봐도 소용없다.

산속을 거닐어야

산을 느낄 수 있다.

94
고개 숙이는 연습

지혜의 정원에 가고 싶은가?

고개 숙여 '겸손의 문'을 지나는 수고를 하면

연녹색의 눈부신 정원이 펼쳐져 있을 것이다.

그 문을 지나는 자가 별로 없긴 하지만.

95

깊음

바다는

바람이 일어도

걱정하지 않는다.

96
탓하지 않음

아주 특별한 경우를 제외하고는

우리가 그를 악하게 한 것이며

우리가 그를 선하게 한 것이다.

97
사람을 움직임

생각은 잊혀지고 행동은 영원하다.

생각은 머뭇거리고 행동은 결정한다,

생각은 나를 움직이고 행동은 사람을 움직인다.

98
나를 봄

내가 나를 보지 못하는 이유는

다른 사람을 보느라

나를 볼 시간이 없기 때문이다.

99
엷게 화장함

내가 나를 보지 못 하는 이유는

다른 이에게 잘 보이려

나를 너무 치장하기 때문이다.

화장이 너무 두껍다.

100

다투지 않음

다툼은 상대에 기인하는 것이 아니다.

모르는 척할 뿐이지

알고 있지 않은가?

101
낮은 곳에 위치함

자신이 사람들보다 우월해 보이면

행복과 멀어진 것이다.

행복은 가장 낮은 곳에 있기 때문이다.

102
불평하지 않음

내가 변해 놓고 상대가 변했다고 불평한다.

변하지 않을 수 있다면 시간마저 멈출 것이다.

우리는 항상 변화한다.

마치 저 산처럼.

103

너그러움

너그러운 자는 만나기 어렵다.

혹시 그런 이를 만나면 놓치지 말 일이다.

너그러워지면 오래지 않아 숨어 있던 행복이 나타난다.

104
자유를 줌

내 주위 열 사람만 자유로우면

이 세상 모두가 자유롭다.

행복은 그들 뒤에 숨어 있다.

105

달을 봄

연못을 비추는 달을 잡으려고

뛰어들지는 말라.

달은 보는 것이지 손에 쥐는 것이 아니다.

106

강함

자신을 강하다고 생각하는가?

악(惡)해지지는 말라.

107
눈을 뜸

누군가 인도해 주기를 바라는 것은

눈을 감고 있겠다는 것이다.

눈을 감고서는 자유로울 수 없다.

108

독립

신에 의지하지 말고

신이 당신을 따르도록 하라.

그것이 신이 바라는 바이다.

109

멀리 봄

물은 끊임없이 낮은 곳을 향한다.

그렇다고 바다가 목적지라고 생각하면 곤란하다.

눈앞의 목적은 행복을 망가뜨린다.

110
나를 바꿈

세상을 바꾸는 것은 불가능하다.

그런데 나를 바꾸면

세상은 새벽 아침과 함께 어느새 바뀌어 있다.

111
무아

행복을 찾아 나에게 좋은 것을 염두에 둔다면

빨리 그만두는 것이 좋다.

점점 더 멀어질 것이다.

112
개별 의지

행복은 매우 개별적이다.

그것은 사람 수 만큼 존재하는데

사람으로부터 출발하기 때문이다.

113
소탈함

소박한 곡식이 창고 가득 있는데 맛있는 것을 찾아 나선다.

기름진 것을 찾아 헤매다

결국 소박한 음식을 다시 찾는다.

행복은 소박함이다.

114
다르지 않음

당신이 찾는 행복과

내가 찾는 행복이

다르지 않다는 것을 알 수 있다면

서로 다투지 않을 텐데.

115
동질감

황폐함과

충만함은

자신과 타인을 얼마나 구분하는지에 달려 있다.

구분하면 서로 가시요

아니면 함께 열매이다.

116

멈추지 않음

아무 일도 하지 않는 것은

휴식이 아니라 죽음이다.

굳이 죽음을 목표로 할 건 없다.

일함은 행복의 조건이다.

117
선한 강자

진리는 약자 편이지만

먼저 교육받아야 할 자들은 강자이다.

항상 그들이 문제를 일으키기 때문이다.

행복의 방해꾼은 의외로

탁월한 자가 많다.

118

행동

행동은 다른 이들뿐 아니라 나 자신도 설득한다.

행동까지 이어지지 않으면

그것은 내가 정말 원하는 것은 아니다.

119

한가로움

태양이 비추고 있는 늦가을 따뜻한 햇볕 아래

오후 시간의 한가로움은

모든 것을 회복시킨다.

120
독창성

흉내 내는 자에게서는
기분 나쁜 음울함이 느껴진다.
함부로 흉내 내어서는 안 된다.

121
감성

행복이 머무는 곳으로

이성과 감성 중

한 곳만 선택해야 한다면

감성을 선택하는 것이 좋다.

행복은 변화와 우연을 특성으로 하기 때문이다.

122
자기 통합

행복은

산과 같아서

정의되어 기술되는 순간

부분적이고 제한적 사실로 전락한다.

아무리 위대한 정신도 그것을 알려줄 수 없는 이유이다.

123

매일 아침을 얻음

매일 같은 길을 걸어도

같은 것은 하나도 없다.

어제의 행복은 아무 쓸모 없다.

124

따라 하지 않음

일견 멋있어 보여도

모방은 결국 아류이고 촌스럽다.

못 알아볼 거라는 기대는 하지 말라.

125
정진

배가 고프면 먹어야 한다.

보기만 해서는 소용없다.

행복을 찾아가려면 한 걸음 한 걸음 걸어야 한다.

생각만으로는 도달할 수 없다.

126
공평

여름 뜨거운 태양과 겨울 차가운 바람에

당신과 나는 별로 다르지 않다.

당신이 나를 아무리 하찮게 보더라도.

127
선구자

한 선구적 삶이

고요한 침묵 속에서

세상 모든 행동을 바꾼다.

그리고 그것이 세상을 유지케 한다.

128
행복을 줌

오늘,

주위 사람을 행복하게 하라.

내일은

그가 나를 행복하게 해줄 것이다.

129

기다림

어둠 속에서 어둠을 피해 달아날 수 없다.

침착히 그리고 조용히

아침을 기다리는 것이 좋다.

130

인지

행복을 찾는다는 것은 태양이 떠오르는 것과 같다.

어둠 속의 것이 드디어 드러난다.

이때, 어둠 속에 없던 것이 새로 생성되는 것은 아니다.

그렇다면 아직 어둠 속에 있다 해도 걱정할 것 없지 않은가?

131
의지(意志)

진리와 행복을 찾으려 하면 모든 것이 도와줄 것이다.

그런데도 찾지 못하는 이유는

사실은 찾으려 하지 않기 때문이다.

132

숭고함

숭고한 자를 모방하는 것과

숭고한 자가 되는 것은 다른 일이다.

모방하지 말라.

그것이 신이라 하더라도.

133

감내

행복에 가까울수록 동요와 의심은 커진다.

태양에 가까울수록 뜨거워지는 것과 같다.

고난의 시기가 커지면 행복이 가깝다.

134

회귀 인식

아주 어리석지만 않다면

추운 겨울을 견딘 자는

계절의 변화를 이해한다.

135
구별

한가로움과 여유로움과 나태함

이것을 구분할 수 있으면

나태함은 별문제 될 것 없다.

한가함은 일이 적어서

여유는 일이 있어도

나태는 일해야 해도

그러한 것이다.

나태를 변명 말라. 해야 할 것은 해야 한다.

136
방향

죽음으로부터 도망가려는데 그를 향해 가고 있고

행복을 향해 가려는데 그로부터 도망가고 있다.

반대로 가면서 오히려 투덜거린다.

그곳이 어디 인지 잘 모르기 때문이다.

무조건 가는 것은 현명하지 않다.

방향을 알려주는 교육자가 필요한 이유이다.

137

평가

사람들이 혼란스러운 이유는

무지한 자들이

자꾸 삶을 이끌어가기 때문이다.

138
멈춤

더 풍요롭고 편리한 세상을 위한 전진은

이제 멈추는 것이 좋다.

행복은 그것을 원하지 않는다.

그것을 원하는 자는 어리석은 자본가뿐이다.

139

순서

있는 것을 우선 보고

그 다음, 없는 것을 본다.

이 순서만 지켜도 세상은 꽤 살 만하다.

140
서두르지 않음

서두르지만 않는다면

조금 부족한 삶도 나쁘지만은 않다.

눈앞의 광경이 따분하지 않기 때문이다.

어차피 목적지는 예외 없이 같다.

141

드러냄

우리는 가장하지 않는 것이 좋다.

처음은 사람들의 호감을 얻을 수 있으나

두 번째는 조롱거리로 전락한다.

142
판단

가짜 진리로는 행복에 다가서지 못한다.

위장된 진리를 구분하는 방법은

단지 세 사람의 동의를 구해 보면 된다,

143

시인

행복을 가지기 위한 첫 번째 단계는

자신이 가지지 못한 것에 대한 솔직하고 담대한 인정이다.

그럼 자기가 가진 것이 모습을 드러낸다.

144
자전거

자전거를 타기 위해서도 시간과 노력이 필요하고

아름다운 피아노곡을 연주하기 위해서도 마찬가지이다.

행복은 말할 것도 없다.

145
믿음

신이 인간을 포함한 모든 것을 창조한 것은 틀림없다.

그러나 그 후 아무것도 하지 않았다.

사람을 믿기 때문이다.

행복쯤 문제없다.

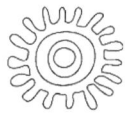

146

신뢰

우리는

아무것도 요구하지 않는 자만 신뢰할 수 있다.

신도 예외는 아니다.

147
적은 욕심

신은 두 번 죽었다.

첫 번째는 악한 자 소수에 의해서였고

두 번째는 선한 자 다수에 의해서였다.

사람은 너무 많은 것을 바란다.

148
너그러움

바람이

동쪽으로 불거나 서쪽으로 불거나

우리는 별로 불만이 없다.

작은 것을 웃어넘기면 행복이 바로 눈앞이다.

149

이행

꿈속에서는

아무리 먹어도 배부르지 않고

요리책은

아무리 보아도 배부르지 않다,

150
겸허

지식 자랑은

스무 살 청년 시절로 충분하다.

그 후 자랑할 것은

아무것도 없다.

행복과 자랑은 먼 친척도 아니다.

151
기세

진리를 안다고 달라질 것은 아무것도 없다.

삶을 두려워하지 않는 것으로

그 가치는 충분하다.

진리를 몰라도 행복하면 두렵지 않다.

행복은 죽음보다 강렬하기 때문이다.

152
작은 깨우침

봄을 모르는 자가 겨울을 절망으로 보낼 때

그것을 아는 자는 봄을 준비한다.

153

흘려보냄

계곡의 물은 계속 흘러가는데

산속 계곡은 그대로이다.

진리와 행복도 계곡을 많이 닮았다.

154
진실

알고 있어도 하지 않음은

모르는 것과 다르지 않으니

행하지도 않으면서 안다고 하는 것은

스스로 거짓말쟁이임을 실토하는 것이다.

155
편한 마음

마침내 행복을 발견한 자가

마음 편해지는 것이 아니라

마음 편해지려 노력하는 자가

행복에 다가서는 것이다.

156
득실

행복을 찾기 위해

행복을 잃어버리지는 않는가.

얻는 것과 잃는 것이 비슷하면

찾지 않는 것이 현명한 일이다.

157

욕심 줄이기

사람들이 원하는 '세상의 것'도 구하고

행복도 찾으려 하는 것은

지나친 욕심이다.

158
배움

우리가 알아야 할 것은

사람들보다 뛰어나게 되는 법이 아니라

그들과 함께 즐거워하는 법이다.

159

앎

알지 못하는 것은

알지 못한다는 것을

알지 못하기 때문이다.

160

걱정하지 않음

우리가 걱정하는 것 대부분은

다른 이에게 보이는 자신에 대한 것이다.

자기를 별로 걱정해 주지 않는 사람을 위해서

우리는 항상 걱정이다.

161

마음에 두지 않음

행복한 진리를 향하는 자는

다른 이들을 그렇게 오랫동안 볼 시간이 없어

그들과 다투지 않는다.

이것만으로도 세상 문제는 대부분 해결된다.

162
거절

아무것도 필요 없는 곳

무욕의 땅

우리는 이것을 원하는 데

욕심 많은 자들이 내버려 두지 않는다.

163

외로움

외로움은

외롭지 않게 해줄 시간을 제공한다.

자신을 향상시키는 것은

보통, 혼자 있을 때이다.

164
받아들임

보통 사람은

이미 즐거운 삶의 진리를 어느 정도 알고 있다.

정작 그 진리를 위한 교육을 받아야 할 사람은

스스로 탁월하다고 생각하는

욕심 많고 어리석은

뛰어난 소수이다.

한때 탁월했던 자가 행복하기 어려운 것은

탁월함을 유지하려 하기 때문이다.

165
여행 가방

목마름이

행복한 진리를 알려 주는 것과

두꺼운 책 속 철학이

알려주는 것은 다르지 않다.

가난한 농부와 저명한 학자의 삶이 크게 다르지 않은 이유이다.

목마를 때는

프랑스 와인이 아니라

무미의 시원한 물로 충분하다.

행복은

꼭 필요한 것만 들어있는 적당한 여행 가방이다.

166
연민

죽음을 선고받은 자의 첫 번째 생각은
진짜 '나'에 대한 연민이다.
그때부터 그는 전과 다른 것을 원하기 시작한다.
행복의 비밀 열쇠이다.

167

실체

우리는 이미 죽음을 선고받았다.

위대한 철학자는 항상 그 이야기를 하는데

사람들은 별 반응이 없다.

죽음의 선고 면에서는

의사가 철학자보다 권위가 있어 보인다.

죽기 며칠 전 바라는 것은 보잘것없는 것이 대부분이다.

하지만 그것이 행복의 실체이다,

168
준비

배움을 위한 준비에만도

많은 시간이 필요하다.

행복을 위한 진리를 쉽게 얻지 못하는 이유이다.

169

성숙

미숙한 사람의 두 가지 특징은

다른 사람을 쉽게

비판한다는 것과

중요한 것과 그렇지 않은 것을 구분하지 못하고

비판한다는 것이다.

170

고귀함

위대한 정신은

진리에 대한 질문에 답해주는 자가 아니라

진리에 대한 질문을 떠올리게 하는 자이다.

171
자숙

위대한 철학자나 그의 책이

자신의 질문에 답하지 않는다면

그것은 자신이 아직 그 답을 받을 만한

준비가 되지 않았다고 생각하면 된다.

172

시선

봄은 꽃에만 있는 것은 아니다.

봄은 세상 어디에나 있다.

행복도 거기에만 있는 것이 아니다.

173
여정의 변경

언제 행복한지도 잘 모를 지경이다.

짧은 행복을 위한 긴 여정이 너무 고단하다.

그런데 우리가 즐거워하는 것이

과연 행복인지도 잘 모르겠다.

행복을 향해 가는 길이

너무 오랫동안 고난의 연속이라면

그것은 행복이 아니다.

174

그만두기

과거는 이미 없고 미래는 아직 없다.

과거를 만들어 괴로워하고

미래를 상상해 두려워한다.

이것은 쓸데없는 오래된 습관일 뿐이다.

175
편암함

호랑이를 탄 사람은

사람들로부터는 선망의 대상이지만

본인은 편치 않다.

가짜 '나'는 호랑이 같은 것이다.

진짜 '나' 아닌 그 누구도, 그 무엇도

나를 편안히 해주지 않는다.

176
모름

도대체 내가 무엇 하나 제대로 알고 있기는 한 것인가?

이 말을 하기까지

보통 30년 공부가 필요하다.

행복은 겸손해져서 세상을 받아들이는 것이다.

177

앎

어느 하루 저녁 생각한 것 이상

우리 삶에서

더 알 것이 없을 수도 있다.

178

선택

우리는 대부분 선택받으려 산다.

죽는 순간까지도 신에게 선택받으려 기도하니

그러면 도대체 우리 삶을 언제 선택하는가!

179
거미줄 끊기

음습한 부자유의 거미줄에 걸리지 않으려면

가난한 사람이 유리하다.

그런데 보통 그 부자유를 목표로 한다.

180
역설 이해

다른 사람이 나를 이해하는 것은 원래 불가능하다.

나를 생각하는 시간이 짧기도 하고

생각한다 하더라도 겉만 보기 때문이다.

타인에게 이해받으려 애쓸 것 없다.

자신의 상처를 이해받기란 그리 쉬운 일이 아니다.

행복은 이해받음이 아니라

타인이 나를 이해할 수 없음을 이해함에 있다.

181
아님

아니다. 아니다. 아니다.

아무리 위대한 정신도 세 번 만 '아니다'를 하면

그가 자신을 시기하는 것으로 사람은 의심한다.

'아니다'를 말해주는 자를 만나는 것이

얼마나 소중한지는

젊은 시절이 다 지나야 알 수 있다.

182

오후의 산책

선택하는 삶을 위해서는

힘이 있어야 한다고 보통 생각한다.

그런데 그런 경우는 별로 쓸데없는 일뿐이다.

따뜻한 봄날 오후, 한적하게 혼자 산에 오르는 것은

재력가, 권력가일수록 더 어렵다.

183
따뜻함

타인은

나를 이해하려는 자가 아니라

나에게서 이득을 얻으려는 자이다.

사람들과 잘 지내는 방법은 단 하나

그들에게 이익을 주거나 그 기대를 주는 것이다.

하지만 타인은 같이 생존을 위해 살아가는 정다운 자이다.

삶을 위한 이기심도 서로 정겹게 보기를.

184

긍정

행복하기 위해

죽음도 이루게 하지 못할 정도로 어려운 일이 있는데

그것은 타인을 인정하는 일이다.

185

지관(止觀)

생각을 멈추다.

슬픔, 고통, 어려움에 빠진 이들이 잊지 말아야 할 것은

그 고난의 모든 것이

생각에서 기원한다는 것이다.

생각을 멈추어도

지옥 불에 떨어지지 않는다.

186

비판하지 않음

타인을 비판할 때는 조심해야 한다.

사실은 그가 나를 시험하고 있을지도 모르기 때문이다.

작은 일은 비판하지 않는 것이 좋다.

그러면 행복은 오랫동안 근처에 머물 것이다.

187

탈바꿈

우리가 열심히 이룩한 것은 대부분

의도하지는 않았지만 허무하게도

결국 '타인의 이익'을 위한 것이다.

어차피 그렇게 될 바에야

처음부터 그것을 꿈으로 하면

매일매일 즐거울 것이다.

188
성공

실패란 없다.

그러므로 그 이유도 없다.

죽는 순간까지 목표를 향해 쉬지 않으면

부족할 수는 있지만 실패란 없다.

189

같이 감

행복을 찾으러 가는 길은

사람의 자존심이 의외로 강해

대부분 혼자 간다.

190
다름

타인이 자기와 생각이 다른 것은

얼굴이 다른 것과 같은 유전자적 현상이다.

타인의 얼굴은 자신과 같도록 요구하지 않으면서

타인의 생각은 자기와 같기를 바란다.

191
동등감

문제는

생각의 다름이 아니라

생각이 다를 때 사람의 마음가짐이다.

이는 어릴 때 결정된다.

어린 시절 교육이 중요한 이유이다.

192
실중

책을 보고 있다면 그것을 실제로 행해 볼 일이다.

쓰여 있는 대로가 아니면 그것은 십중팔구 거짓이다.

삶의 평온함은

생각이 주는 것이 아니라 행함이 주는 것이다.

193

평범함 이해

타인으로부터 이익을 얻으려는 것은

모든 생명체의 본능이다.

인류 역사상 그렇지 않은 몇 사람이 있고

그들은 성인(聖人)이다.

우리는 성인이 아니다.

이를 이해함이 행복의 조건이다.

194

단정(斷定)하지 않음

우리 각자 모두 하나의 산과 같다.

아무리 작은 산이라도

도저히 이야기를 마무리할 수 없다.

195
친구

풍요로운 자는

가끔 멈추어 자기 풍요로움이

다른 사람과 크게 다르지 않음을 확인해야 한다.

그렇지 않으면 그와 적이 된다.

196
기억

행복을 위한 길은

어느 순간 우리에게 다가와 그것을 깨닫게 한다.

그런데 문제는

우리 기억력이 보통

이틀을 넘기기 어렵다는 사실이다.

197
수레 타기

나는

'사물을 느끼는 나'

'타인과 관계하는 나'

'스스로 생각하는 나'로 만들어진

세 개의 수레바퀴가 끄는 삼륜 마차이다.

수많은 바큇살 중 한두 개 부러져도

마차는 큰 상관 없다.

198
시작

행복을 위한 길을 찾기 시작하면

오늘 찾지 못해도 내일 찾을 것이라는 기대가 있다.

시작하지 않으면 알 수 없는 즐거움이다.

199
젊음

진리와 행복을 향한 열정이 바로 '젊음'이다.

죽음의 순간까지 그것을 유지하기도 하고

젊은 시절 이미 그것을 잃기도 한다.

200

이해

나 자신을 공부하기 시작하면

타인을 대상으로 하는 심리학자만큼

타인에 대하여 잘 알게 된다.

오랫동안 혼자 수행한 수도승이 세상을 잘 아는 이유이다.

201
마음 두둑함

사람이 나를 덜 찾게 되면

보통, 내가 그에게 줄 게 적어졌다고 생각하면 된다.

하지만, 돈주머니가 얇아도

생각 주머니만 두둑하면 걱정 없다.

202

시작

행복은

하루아침에 발견하는 것이 아니라

매일 만들어 가는 것이다.

한순간 발견한 행복은

그 작은 시작점일 뿐이다.

계속 모아 가지 않으면 어느새 공기 중으로 흩어진다.

진리
의서

제1서. 존재의서

제2서. 의지의서

제3서. 인식의서

제4서. 시간의서

진리
의서

제1서 존재의서 (진리의서 Ⅰ)

제2서 의지의서 (진리의서 Ⅰ)

제3서 인식의서 (진리의서 Ⅱ)

제4서 시간의서 (진리의서 Ⅱ)

통합사유철학 세 가지 축, 삶 속 '존재, 의지, 인식'에 관한 구체적 고찰

진리
의서

진리는 배우고 익히는 것

매일 조금씩 연습하면 된다.

행복은 조금씩 다가가는 것

매일 조금만 행복하면 된다.

진리
의서

진리
의서

진리의서 I

개정판 ‖ 2019년 8월 15일
지은이 ‖ 김주호
펴낸이 ‖ 이현준
펴낸곳 ‖ 자유정신사
등록 ‖ 제251-2012-40호
주소 ‖ 경기도 성남시 판교역로 145
전화 ‖ 031-704-1006
팩스 ‖ 031-935-0520
이메일 ‖ bookfs@naver.com

ISBN 978-89-98392-27-7 (03100)

이 도서의 국립중앙도서관 출판예정도서목록(CIP)은 서지정보유통지원시스템 홈페이지 (http://seoji.nl.go.kr)와 국가자료종합목록 구축시스템 (http://kolis-net.nl.go.kr)에서 이용하실 수 있습니다. (CIP제어번호: CIP2019030383)

출판사의 허락 없이 무단 복제와 무단 전재를 금합니다.
잘못된 책은 구입처에서 교환해 드립니다.
이 책에서 사용된 문양은 한국문화정보센터가 창작한 저작들을 공공누리 제 1유형에 따라 이용합니다.

이 책의 모든 저작권은 자유정신사가 가지고 있습니다.